MARIPOSA DE LUZ

ZARAGOZA, 2025

RARA AVIS

JESÚS CUESTA CALVO

MARIPOSA DE LUZ

© Jesús Cuesta Calvo
© de esta edición: Los libros del gato negro
© de la imagen de cubierta: María Isabel Sáez Faci
© de la fotografía del autor: María Isabel Sáez Faci

info@loslibrosdelgatonegro.com
www.loslibrosdelgatonegro.com
Impresión: INO Reproducciones, S.A.

Zaragoza, mayo de 2025

ISBN: 978-84-128901-7-4
DEPÓSITO LEGAL: Z 694-2025
(Impreso en España)

Esta obra ha sido publicada con la ayuda del Departamento de Educación, Cultura y Deporte del Gobierno de Aragón.

TROVADORESCA

AMOR,
para llamarte así
la eternidad será corta.

Mariposa de luz

Con cansancio de siglos te esperaba
mariposa de luz entre las flores,
y a borbotones estalló en amores
la fuente de tu brisa que soñaba.

Tu risa transparente me rozaba
llevándose consigo mis temores,
llenome el corazón de ruiseñores
al tiempo que tu acento pregonaba.

Preñada de mis sueños, sosegada,
estréchame en tus brazos, dulce amante,
pues solo tú sostienes mi mirada.

Templando nuestra vida ilusionante
tus labios agoten mi existencia
en brazos del amor en cada instante.

¡Amor, no tardes!

En esta fría noche en que el puñal de la pena
acuchilla mi cadáver con tu ausencia,
silencioso, mudo, en esta triste Valencia
soñando estoy, Amor, en tu azucena.

Sé que encontrarás tus senos fríos
mientras nace yerta la alborada,
y en mi rostro las lágrimas cerradas
revientan convertidas en un río.

Sé también que tus encantos naturales
navegando van rumbo a la playa mía
y arribarán gozosos en próximo día
despenando así mis soledades.

¡AMOR, NO TARDES!

Anoche, entre sombras y sueños

Teruel, anoche, entre sombras y sueños,
la noche se sentó en mi cama
y vi una provincia sin luna,
con gente triste y niebla.
Sí, anoche, entre sombras y sueños.
Tú, Teruel, intentabas levantarte
mientras te quedabas desangrada,
vaciada gota a gota.
¡Los días pasaban tan despacio!
El sol se fue. Estábamos tan solos,
tan cansados.
¡Ay, Teruel, te di mis sueños
y perdiste mi esperanza!
Hoy tenemos una provincia vacía y bella,
de arcilla y frío en el aliento,
interminable en su extensión,
inabarcable en sus anhelos.
Bella sí, pero vacía.
El olvido de Teruel viaja
a través de estaciones sin vías,
demandas perpetuas,
velando escuelas cerradas,
sosteniendo pueblos desiertos.
Sé que hace falta la noche
para ver las estrellas,

pero esta noche es demasiado larga.
Busco un Teruel con sol, con vida
y con futuro, pero solo encuentro
un sol de atardecida
que da sus últimos coletazos.
¿Se estará despidiendo para siempre?
Avanzan las sombras y el pan se
     endurece.
No se puede vivir siempre en el invierno,
esperando la noticia
de hospitales terminados,
del corredor Cantábrico-Mediterráneo
y tantas y tantas promesas incumplidas.
Mienten, siempre mienten, todos mienten.
Pero no preguntemos
quién juntó las tinieblas.
Todos somos culpables.
Aquí no hay inocentes.
¡Ay Teruel!, te acompañaban los violines,
y ahora tus campos son de cristal
     y silencio.
No te quedan niños y ahora
la corriente se llevó nuestras caras.
No sabemos a dónde, no sabemos por qué.
Apenas un sentimiento de rabia contenida
es la historia de esta travesía

que me consume por dentro.
Pero no dejemos que la noche
caiga sobre la noche.
No más autobuses vacíos,
callejones con nadie,
casas medio derruidas, escuelas sin niños.
Teruel, escucho la marea de tu sangre
en mi piel que soporta
la quemadura de los sueños vacíos.
No creo poder salvarte
pero prometo levantar mi voz.
Necesitamos puentes hechos de verdades
para salvar un abismo de mentiras.
¡Ay, si tuviéramos la fuerza suficiente!
Anoche, la noche se sentó en mi cama
y se me deshizo la boca entre cenizas.
Anoche, entre sombras y sueños,
en esta España vaciada.

¡Buenos días, señorita Isabel!

(prácticas en El Salvador)

Todo está lleno
de tu presencia
ausente.
Te nombra
cada cosa,
una a una,
y después calla
como hace el sol
cuando amanece.
En tu cuarto
late tu sonrisa.
Tu gorila
rezuma tu alegría
que brilla sin necesidad
de fuego.
Tu frente ausente
reposa en mi regazo
descontando juntos
las horas y los días.
Quienes de sol,
felices, se inundaron
al llegar «EL COLIBRÍ»
de los encantos,

te añorarán,
por siempre,
a tu regreso.
Cuando amanece
solemos soñar
con tu presencia,
engullendo un tiempo
que no pasa.
Recto es el camino
y uno solo el viento
que nos trae
el crepitar de tu aliento.
Una claridad discreta
lo acompaña
por la oscura ruta
de tu ausencia.
Tu memoria funde
la distancia
mientras nuestro corazón,
impaciente, te reclama.

Y en ese mar caribeño
tu luz sube hasta la nube
que el viento nos trae
para aquí lloverte
en gotas irisadas
que sacian

nuestra sed.
Y al saber de ti,
fresco trae el viento
tu nombre hacia el hogar
donde te aguardamos.
Y ese viento
lo guardamos
con presteza
porque es
la firme promesa
de que amanezca
cada día
con el alba.
Vive cada instante
que nunca
se volverá a repetir
estrella, mar, colibrí.
Todo sea ahora
como quieras tú
que sea.
Torrenteras de alegría
estallen bajo tu piel,
y en tu sangre
broten rosas,
y se hagan canto
tus deseos,

disfrutando
esta experiencia.
Y tienes que saber
que cada paso que das
nos acerca a tu regreso
que anhelamos.
¡Te soñamos con el alba,
mariposa de luz,
nuestro Colibrí del alma!

Tus padres.

Canto a Teruel

TERUEL,
bajo tu paz
el corazón cansado
se sosiega
y dice: «buscadme aquí
si alguna vez me pierdo».

TERUEL,
esa ciudad de arcilla,
esa tierra aragonesa,
ese paraíso donde el amor
crece y se agranda.

TERUEL,
ese soplo que canta
de torre a torre
de puente a plaza.

TERUEL,
en abrazo detenido
descubro todos tus rostros:
tu color frutal en la mañana,
el ámbar de tu tez vespertina,
la impoluta blancura
de tu nocturno perfil

y siempre, siempre, el brillo
de tu singular mudéjar.

TERUEL,
hondo alborozo de mi corazón,
claro sosiego de luz,
brizna de fuego que oscila
en tu tibio sol de invierno.

TERUEL,
plazas bruñidas de encanto
y color de luna llena,
obsesión que me avasalla
aventando medievales amoríos.

TERUEL,
tanto garbo te desborda
que eres luz sin poniente,
ola sin orilla, muralla viva
que de amor la vida encierra.

TERUEL,
eres tú, solo tú
la ciudad que yo soñé.

TERUEL,
bajo tu paz
el corazón cansado se sosiega
y dice: «buscadme aquí
si alguna vez me pierdo».

Cartografía del cuerpo
¡Cómo nos engañamos!

Está atardeciendo ya
en mi postrer invierno.
Respiro la muerte
en este cuerpo de cenizas
al que trepé en mi juventud
creyéndolo inmortal.

¡Ay cómo nos engañaron,
cómo nos engañamos!

Mi cuerpo mañana
ceniza pobre y fría,
sin brasas ni rescoldos,
sin ímpetu sonoro.

Muchacha, dime
quién con pinzas
colgó mis huesos,
estos huesos que
me duelen en el alma
en este cuerpo insomne
en tierra desolada,

en este viejo cuerpo
que oye cerca su silencio.

¡Ay cómo nos engañaron,
cómo nos engañamos!

Aún no ha llegado ayer
y ya es mañana.
Nos está llamando
a gritos el silencio.
Ayer empezó a salirme
la barba y ya estoy
cubierto de canas.
El toro de la noche dibuja
con sus astas mi agonía
mientras voy zurciendo
mis quebrantos.

¡Ay cómo nos engañaron,
cómo nos engañamos!

Cómo me duele tu ausencia

¡Ay cómo me duele tu ausencia!
Todo lo hermoso y agradable excedes.
No fui nada y ahora,
sabiéndome a la intemperie y solo,
nada soy.
Mi inexistencia es un gemido ardiente,
unas lágrimas trenzadas, fría nada
esperando el resplandor de tu llegada.

Ven, ascua encantadora,
líbrame de esta angustiosa espera.
Ven que necesito echarme a tu río,
escuchar los latidos de tu amor
regenerador y apasionado.
Ven que atardece entre mis dedos
llenos de barro y diviso ya
la meta de llegada.

A tu lado seguiré latiendo
acompasado a tu oleaje.
Iremos muriendo juntos mientras
disfrutamos de la música adorable,
del trémolo del fuego, del ballet
de la brisa...

Tú y yo solos,
dulcemente callados.
Tú y yo cara a cara,
solos, solos tú y yo.

Ven y descansa en mi
con tu calma y tu ternura.
Ven, gozo que no acaba,
a redimir ya mis soledades.

Con un latido amanecido en lumbre

Con un latido
amanecido en lumbre
te estoy esperando
junto al viento
en la desnudez
de tu sueño.
Tu cara dulce
de aguamiel
tiene ya tempero
y deseo entrar
en tu cuerpo,
en la caverna
de tu altar.

¡Aplaca mi sed
dulce quemazón
hoja trémula,
labios sin bridas!
Necesito tu mano
y tú la mía.

Déjame ser bálsamo
de las torrenteras
de tu alma,

y acércate como eres
para beber el zumo
de tus mieles
hasta la madrugada,
maravilloso gran
premio de mi vida,
cogidos de la mano
para siempre.

Cuando ya todo va de atardecida

Llenos de un silencio
reposado y claro,
en este atardecer
que ya se acaba,
seguiremos presentes
y esperando
en duermevela.

Se va ajando la luz
para este barro sucio
que arrastramos.

¡Qué pena!, si vivimos
vamos muriendo.
Las cartas están echadas.

Tras la primavera
pasó el verano
y llegó el otoño,
y estamos ya
en nuestro frío
e incierto invierno.

Despósate en mis labios,
dulce amada,

bésame muy prieto,
cobíjame en tus sueños,
que yo velaré
mientras tú duermes.
Ríe y goza,
ama, y enciéndete
en la noche
que ahora empieza,
en esta larga noche
que nos quemará
la vida para siempre.

Despedida

¡Cuánto gozo en contemplarte,
tanto me gusta mirarte
que me refugio y me acojo
en el cielo de tus ojos
que espontáneo se me abre!
Un momento, por favor,
quiero gozar a mis anchas
esta efusión de belleza,
esta plenitud de calma,
este sosiego en el alma
en tu compañía callada.
Un dios se nos manifiesta
en coloquio sin palabras,
un algo del más allá
me vibra dentro del alma.
La tarde se está muriendo,
¡qué pena que se nos vaya!
Se han despertados los grillos
que monorrítmicos cantan.

¡Qué pena que ya te marchas!

10 de abril, 1975

Desplegado en el cielo tu estandarte
en este abril que en nombraros se recrea,
herido de amor por tu luz de primavera,
con mi parca voz de juglar voy a cantarte.

Sean campanas los versos y las prosas
por amor en estos claustros volteadas
en honor de tus dulces prendas doradas
de las que son breve corona estas glosas:

AMOR:
Tú que eres
sonrisa, copla, alegría,
romanticismo, largueza,
piedad, sentimiento, rezo,
finura, delicadeza,
mantilla de la alegría,
pañuelico de la pena...
dime, dulce primavera,
dime qué sientes ahora
al verte dueña y señora
de mi paz y mi bandera.

Tú que eres
espontánea y cariñosa,
generosa y desprendida,
ocurrente y bulliciosa,
gozándote de las cosas
deliciosas de la vida
pero en esa justa medida
que tiene el agua caída
en la tierra que la añora,
¿crees que me podrás decir
lo que tu corazón ardiente,
cuando yo beso tu frente,
llega a soñar y sentir?

Tú que estrenas
veinticinco primaveras,
mujer y niña a la vez,
palabra, verso y campana,
amor, ternura y aliento,
ardor en tus grandes ojos,
miel en tus labios rojos,
pasión en tu corazón...
¿crees que acertar sabré
a quererte como debo?

¡Es lo que más deseo
y no dudes que lo haré!

«Echadita palante»

No temas, pronto
te sentirás vital y vigorosa
para poder volar.
El tiempo
todo lo pondrá en su sitio.

Pero no hay que volver
a la pequeña muerte cotidiana.
Te necesitamos
«echadita palante», sin miedos
ahora que ya has destapado
su bondad embustera,
su mundo de papel mojado,
su risilla satánica.

Sé que todo era postureo,
fingimiento y alegrías de cartón.
Sé que ahora hay temporal
y esto que vives amarga
y te desborda, pero eres fuerte
y el barco todavía flota.

¡Qué difícil es viajar
con las maletas cargadas

de miedo e incertidumbre!
Imagino cuánto te duele,
y sangro y siento a tu lado.

Creo que te han querido
anochecer, pero esa hiena
que husmeaba tu rostro,
esa bestia parda, nada
podrá arrebatarte más
aunque, a veces, tengas
que acariciar cicatrices.

Elegía a Fernando Marqués
(6 de marzo de 1999)

Conservaré siempre en mi memoria
a quien mis ojos ya no tendrán en suerte,
a quien con furia nos arrancó la muerte
llevándolo, sin duda, hasta la gloria.

¡Qué pronto se nos fue tu iluminaria!
¡Qué duro se nos hace el no tenerte!
¡Qué triste tan solo poder soñarte
sin compartir tu vida solitaria!

Dejará de sangrar mi herida abierta
y celebraremos entonces tu alegría
mientras esperamos tu venida cierta

para tocar la nueva melodía
que, venciendo el enigma de la muerte,
iguales para siempre noche y día.

Eres...

Al romper de la mañana:

ERES
la fuerte roca de ilusiones,
el gozo
y los deseos.
ERES
una esperanza viva,
una promesa,
una ruta
de flores y palomas.
ERES
el alba sin bruma
alrededor del pan
y de los besos.
ERES
la eterna luz,
brillando sola
sin necesidad de fuego.
ERES
un corazón sin bridas,
el eterno bebedizo
de una voluntad sin cárcel.

ERES
el júbilo perfecto
el árbol de la luz,
la lluvia detenida.
ERES
la felicidad inacabable
que siempre me lleva
a otra estrella.

AMOR,
para llamarte así
la eternidad será corta.

Excesiva en todo

Vuestra madre se ha roto
la tibia, el peroné y el astrágalo.
¡Todo en exceso! ¡Ya que se pone!
Y como no puede apoyar el pie,
pero sí la lengua, me dice muy amable:
«coge a Brunico».
Y aún no lo tengo en mis brazos
cuando me sugiere:
«recoge esos juguetes».
Voy para allá cuando oigo:
«trae dos cebollas y huevos».
Cambio de dirección hacia la despensa y...
regreso para cumplir la orden
de bajar el fuego.

¡Ay, yo que en mi vida
había dado un palo al agua!
¡Voy de lado y... no consigo
terminar nada de lo que empiezo!

Y es que vuestra madre siempre
ha sido excesiva en todo,
sobre todo en el trabajo,
y más aún en el amor:

Os quiere con exceso,
me quiere con exceso,
nos quiere con exceso.

¡Vuestra madre es...
                    PURO EXCESO!

Los años hechos sueño

Porque son ya veinticinco
los años hechos sueño
de sueño desde entonces.
Porque han sido un suspiro
donde guardar tan dulce tiempo.
Porque no hay sobre la tierra
las palabras suficientes
que dibujen mi embeleso.
Porque la realidad que soñabas
y soñaba anidada ya,
desde entonces y para siempre,
en nuestras vidas.
Porque se ha detenido el tiempo
en el sendero de tu voz y mi silencio.
Porque solo tú brillas
en las horas sosegadas,
mariposa de luz,
bajo la brisa que me abraza
meciendo mi corazón.
Porque todas estas noches
me ha llovido una estrella
manchada en tu presencia
de aroma de jazmines.

Porque has llenado la casa
de agua, aire y fuego,
de vida y esperanza.
Porque tan solo de ti estoy ebrio
contemplando los hijos que me has dado.
Porque son, para los dos,
nuestro mejor tesoro
al que engarzar la vida
en nido de esperanza.
Porque tú me naciste al amor
y a borbotones se me mete
en los resquicios de mis cosas
tu persona.
Porque eres luz,
deseo y esperanza toda
que grita la ilusión
que marca nuestras vidas.
Porque quiero
que tus labios agoten mi existencia
caminando al unísono
mi amor y tu ternura.
Por nueve mil
ciento veinticinco días
uno por uno vividos
en tu grata compañía,
con sus noches confundidos

en un suspiro de amor.
Por esa felicidad
que bulle en tu mirada.
Por la desazón ardiente
que a tu brisa me encadena.
Por esa rosa de fuego
que enracima mi amor
al latido de tu sangre.
Por ese claro sosiego de luz
que centellea en los hondones de tu alma
de ti, contigo y siempre.
Por el firme bebedizo
que me aboca felizmente
a desear el desearte.
Por todo ello, porque TE QUIERO,
AMOR,
para llamarte así
la eternidad será corta.

Me gustaría

Me gustaría:
dormirme en tu regazo,
despertar entre tus besos,
desayunar con tu fragancia.
Me gustaría.

Me gustaría:
encallar en tu sonrisa,
enredarme en tus abrazos,
mecerme con tu brisa.
Me gustaría.

Me gustaría:
vestirme de tus caricias,
perderme entre tus sueños,
reflejarme en tu mirada.
Me gustaría.

Me gustaría:
ser esclavo de tus besos,
abandonarme a tus deseos,
fundirme en tu universo.
Me gustaría.

Me gustaría:
compartir tu sabiduría,
regalarte mi alegría,
quererte noche y día.
Me gustaría

¡Qué cansera!

Don Elías va camino
de los noventa, y se sienta
cada día en la terraza
del bar de la esquina
después de hacer y deshacer
la ciudad con sus paseos.

Don Elías ha perdido la cuenta
de los azucarillos
que ha diluido y de los kilómetros
que ha recorrido dando
vueltas con la cucharilla.

Don Elías siempre,
siempre vestido con una sonrisa,
siempre empezando a saborear
cada día como si fuera sabedor
de que, quizá, ya no queda tanto.

Don Elías siempre,
siempre con esa sonrisa
limpia y recién planchada.

Luego se marchará
con su corazón prejubilado

y los ojos jugando a cerrarse.
Se marchará con la vista cansada
y con ojeras porque la edad no perdona.

Don Elías encontrará la llave
y entrará en su casa cerrando
el pestillo. No espera a nadie
y se marcha a dormir...
sin cenar.

¡Qué cansera! Mañana
estrenará una nueva sonrisa.

Solo tú

Bajo la luna envidiosa
   solo tú.
En cada vital latido
   solo tú.
Mi música soñada
   solo tú.
Mi lluvia vivificadora
   solo tú.
Mi brisa acariciante
   solo tú.
Mi hogar lleno de estrellas
   solo tú.

Nada más existe
solo tú.

Si tú lo quieres,
solo tú,
¡SOLO TÚ!

Son para ti, mujer

Son para ti, mujer,
estos mis versos,
para ti, la sencilla,
la dulce, la hogareña.
Para ti los extraje
candentes de mis venas.
Son para ti, mujer,
y los hice en Teruel,
un paraíso donde
el amor se agranda.
Son para ti, mujer,
con la franqueza
de contarte mi amor
y mis fatigas.
Son para ti, mujer,
porque contigo
enloqueció mi alma,
porque en mi corazón
tu sonrisa plantó
su primavera.
Son para ti, mujer,
tan solo para ti,
razón de todo.

Tu risa cascabelera

Bendito sea el día, el mes,
el año y la estación,
la hora y el instante
en que nos conocimos.
Pero el tiempo viene y va
y vira por días
caprichosamente.

Y quisiera que tú y yo
fuéramos sorprendidos
por un encantamiento
de tal suerte que ninguna
tempestad pudiera
ponernos en mal trance.

¡Ay!, no sé si maldecirme
porque tengo de gozo apariencia
y el corazón angustiado.
Mi dicha me tiene en balanceo
constante como la ola a la nave.

Y temo perderte a ti
que eres generosa y dulce,
sincera y leal, hermosa y graciosa.

Pero ¿quién vio nunca penitencia
antes de que hubiera pecado?

Vine a ti para tejer la vida
y solo sé vivir por ti.
Si tú no estás, el cielo
se derrumba, el viento
se para, y mi corazón
te llora.
¡Si tú no estás!

Quiero soñarte conmigo,
vivirte conmigo,
y no despertar nunca.
Quiero naufragar en
tu risa cascabelera
para siempre, para siempre.

Sé tú, en mi noche,
claridad y día
y mi sosiego,
¡dulce risa cascabelera!

Virgen de la Soledad

Rompe el tambor el silencio
con que LA SOLEDAD sale
y a hombros los peaneros
levantan tu pedestal.

Llevas la luna por guía
y por palio dos luceros
los ojos de nuestro Torico
testigos de tu agonía.

Una jota
rompe el silencio de la noche
una jota
acalla el tronar de los tambores
una jota
estalla entre suspiros.

Y esas perlas de rocío
que descienden por tu cara,
mirando a la balconada,
inundan de aroma el aire.

En la plaza, Madre mía,
te acomodan a bailarte
y otras jotas embalsaman
tus heridas tan sangrantes.

El capataz da el aviso.
Del pedestal el Torico
se ha bajado
a contemplarte.

Los barales cimbrean,
Tú te mantienes serena
sobre un encaje de pies
que acompasados te mecen.

Qué dulzura en tu mirada
y qué llanto más sereno
y qué firme caminar
a hombros LA SOLEDAD.

Un año ya
(17/9/20 a 17/9/21)

Por Cristina y Carolina sabiamente
     conducido
«Más de Uno Teruel»
se nos pasa en un suspiro.

Y en él me dejan las dos
ser tierra, calor, murmullo,
ser rabel, laúd, salterio
o poema en que me arrullo.

Hoy se cumple un año ya
de aquel día en que Cristina
dio al primer cuentaversos
banderazo de salida.

En primavera o verano
en invierno o en otoño
a lomos del cuentaversos
vamos recorriendo el año.

Abraza mi sintonía el verso
ennoblecido por el trabajo
que flamea en Onda Cero
y os acompaña en el tajo.

Para la gente despierta
a nuestro afán querencioso,
libre, feliz y contenta,
estos versos son su gozo.

Se oye alegre mi voz
que canta, cuenta y resuena,
maná de aromas de vida
con palabra sosegada.

No pido ni quiero nada
me basta observar, pensar
y a las trece cuarenta y cinco
acaso sentir y soñar.

Y esa presencia en los jueves
narcótica y estimulante
que me une con la audiencia
y es hipnótica y sedante.

Gracias a Onda Cero
a Carol y a Cristina
que custodian mi voz
para abrirla al medio día.

¡Y estoy feliz!

¡Ay qué dulce porvenir presientes
aprisionado en tu silenciosa entraña!
¡Qué nueva luz ya sientes
abrirse temblorosa a la existencia!
¡Qué súbito vuelo de paloma
llena tu rebosante corazón!
¡Qué frágil hálito viviente
acompasa su murmullo con el tuyo!
¡Y estoy feliz!
¡Ay qué bien que huele ahora
a sementera dulce y deseada!
¡Qué bien que huele ahora
a suave pétalo de rosa!
¡Qué bien que huele ahora
a minúscula gota de rocío!
¡Y estoy feliz!
¡Ay!, ¿con qué acertado verso
te podría cantar hoy
quien te confunde con la aurora,
con la placidez de la mañana,
con la serenidad del mar
en la bonanza?
¡Y estoy feliz!

¡Ay, ha caído la vivificadora lluvia
en el páramo sediento
y llamea un nuevo fuego
derramándose en tus ríos
de alegría y esperanza,
mientras tú lías, pétalo a pétalo,
con silenciosa ternura,
la más fragante de las rosas.
¡Y estoy feliz!
¡Ay! Vive y goza
de esta creciente filigrana,
de este encantador misterio
al que no le faltará lustre
o nombradía.
Disfrutad
de la ilusionante espera
ahora que huele a sementera
rodeados de quienes, felices,
anhelamos día a día, cada hora,
nuevas y traviesas risas.
¡Y estoy feliz!
¡Ay,
un cálido latir se ha despertado
hecho ilusión de tibia rosa.
Suspiros en el aire,
lágrimas de gozo,

esperando el revolotear
de una nueva mariposa,
el despertar sonoro
de un nuevo trinar
que alegrará para siempre
nuestras vidas.
¡Y estoy feliz!

A don Jesús Puerto Almazán

Es Jesús Puerto Almazán
un pequeño gran hombre
todo corazón y bonhomía
abierto a la amistad con desmesura
en luz resplandeciente convertido
que inunda de Teruel el universo
embajador callado y escondido
entre focos y cables sepultado.

Poeta de la luz y del sonido,
poeta del compromiso y de la vida
relumbra fuego ardiente cuanto hace,
lo que es, lo que será, lo que ha sido, y
aunque siempre se disfraza de luz tibia,
por lo mucho que nos da es conocido.

Los amigos se fueron

Dos amigos se fueron
y todas las tardes,
a la caída de la luz,
se me traduce el llanto,
el desaliento.

Nieva torcidamente
en mi aterido corazón.
Derrota viva. Estoy
muriendo sin sentir
nada la vida.

Ya no trae la brisa
el aroma de las rosas.
Los amigos se fueron
sin billete de vuelta.

Mas aquí estáis
en un pliegue del alma
donde guardo, agradecido,
vuestros nombres y ternura.

A MIS NIETOS

A Lucas
(20 de agosto de 2018)

LUCAS,
qué ganas
que tengo ya
de que me invites
a jugar.
Pero no tengas
prisa, no.
Déjame disfrutar
al ver tu carita
de ángel,
al verte yo
garrear.
Cuando crezcas,
yo te contaré
cuentos...
y te ayudaré
a estudiar.
Cazaremos
mariposas
que tendremos
que soltar,
y, entre risas

y besos,
soñaremos
con el mar.
¡A correr,
a trepar,
a jugar!
... / ...
¡A DORMIR!

Tu abuelo Jesús.

¡Maya, ya estás aquí!
(11 de febrero de 2019)

Hola, MAYA,
soy tu tobogán
y prometo
bajarte la luna,
estrella de mi cielo.
Sí, te bajaré la luna
para mecerte
en su cuna.
Y velaré tu sueño,
y respiraré tu aliento,
y aliviaré tu llanto...
de día, de noche,
de alborada
porque yo soy
tu abuelo feliz
y no hay nada
en el mundo
que me haga sentir
tanta ternura.
Qué fácil es quererte,
dice tu abuela,
porque tu carita

preciosa nos derrite,
pedacito de cielo
que la vida nos regala.
Ojos de mar,
cara de ángel,
corazón de payaso,
sinfonía de amor.
Maya, ya estás aquí:
nuestra Maya soñada,
la gran deseada,
ya estás aquí, MAYA,
¡MAYA, YA ESTÁS AQUÍ!

Tu abuelo Jesús.

A Bruno
(11 de agosto de 2020)

¡Qué alegría, Bruno,
subiendo agosto,
estar ya juntos para siempre!
Tus ojos de pícaro,
luceros de un cielo
azul de verano.
Tu aliento sobre mi ensueño
huele a limpios arroyuelos,
a tierra mojada,
a felicidad inacabada.
Bruno, hasta ahora,
tan solo podíamos
esperar esperarte
disfrutando de Lucas y de Maya;
pero tu reluciente llegada
llena de aire mi garganta
mientras tu corazón galopa
dibujando mariposas.
¡Cómo me gustaría
gastar contigo mi última vida,
ojos de mar, pecho de música,
corazón de gozo!

¡Ay, si pudiera detener el tiempo!
Prometo protegerte siempre
mientras abro mis brazos,
llenos de ternura,
para vigilar tu sueño sosegado y limpio.
Bruno querido,
el aroma de tu sangre hace
que merezca la pena seguir viviendo
en este tiempo de alegría desbordada.
¡Gracias, BRUNO!

Tu abuelo Jesús.

¡Y eso que son solo tres!

Mi queridísimo Andrés,
deja que yo te cuente
lo maravilloso que es
el ser abuelo en Teruel.
Pues verás, querido Andrés,
como tú sabes muy bien,
ya he cumplido ochenta y tres
y me acompañan también
la artrosis y el Sintrón,
este maldito reuma,
una ligera cojera,
y un estupendo bastón…,
junto a una exigua pensión
que me mantiene en mi casa.
Direte también, Andrés,
que nietos me ha dado Dios
que serán mi salvación.
Dicen que rejuvenecen,
y qué remedio, ¡rediós!
Verás, mi querido Andrés:
son las siete de la mañana,
no me acordaba muy bien
del jodido viento helado
que hace en invierno en Teruel.

Mi amantísima hija
me recibe en el ascensor
mientras se pone los guantes,
y con un minúsculo ósculo,
«buenos días y adiós,
que no llego, que ya es tarde.
No te duermas, ¿eh, papá?
Te llamo luego y...
¡no te olvides de las llaves!».
Paso revista a la tropa:
la pequeña está en la cuna
y duerme plácidamente.
¡Cómo me gusta mirarla
con su barriguita al aire!
El segundo refunfuña,
pero se duerme otra vez.
Y el mayor, justo a su lado,
abrazado a su mascota,
duerme como un lirón.
¡Si ya tiene cinco añitos
y está hecho un campeón!
¡Sin novedad en el frente!,
me adormilo en un sillón.
Suena un móvil estridente.
Es mi hija nuevamente:
Papá que no vas a llegar.
¡Zafarrancho de combate!

Al despertar me he «cascao»
un coscorrón en la frente
y el coro de dormilones
se ha puesto a llorar de repente.
¡Ay, mi queridísimo Andrés,
ahora viene lo bueno!,
¿por quién empiezo?, ¡pardiéz!
Los pañales de la peque,
hay que vestir a los tres,
el desayuno, el carrito,
los bocatas, las mochilas...
y las llaves de la casa
por si acaso hay que volver.
La peque a la guardería,
y los otros a infantil
que les den guerra un ratito
y a mí me dejen dormir.
Luego habrá que recogerlos,
llevarlos al parque, a taekwondo,
a baloncesto o taichí...
Y mañana... a repetir.
Y los fines de semana
libro uno de cada tres
mi queridísimo Andrés.
Y es que ser abuelo
rejuvenece, y mucho.
¡Y eso que son solo tres,
mi queridísimo Andrés!

A Jimena

(24 de septiembre de 2022)

¡Ay, Jimena!
Nos entregas tu dulzura
un 24 de septiembre
y desde ese día ruedan y ruedan
lágrimas de alegría.
Tu mirada nos embelesa
con tu carita de gloria.

Jimena, segura ya de ser,
eres estrella y corola,
eres preciosa primavera
en este otoño que comienza,
eres llama que deslumbra,
nos envuelve y encandila.

Cada amanecer, Jimena,
tu abuelo se despierta
restregando el sueño
de sus cansados ojos
y arropando tu tierna imagen
en su lastimado corazón
que se sabe arrastrado
por tu deslumbrante magia.

Llegaste, Jimenita querida,
y nos emborrachamos de ti
entregados a tu existir
tan purísimo, tan leve,
tan azul y tan sereno.

¡Ay, Jimena!
cuando, con tus primos,
me llaméis «abuelo»
bendeciré esa palabra
que nos unirá para siempre
soñando a todas horas
con nuevas risas y caricias.

Vuestro será mi tiempo.
Yo os cubriré de abrazos,
porque siempre seréis
mis florecillas de miel
y la razón de mi existir.

Vuestro abuelo Jesús.

A Greta
(25 de diciembre de 2023)

Greta,
oigo tu primer lloro
que te abre a la vida
y me llena de ternura.
Ya puedo envejecer tranquilo.

Era el primer canto
de un pájaro que enciende
un nuevo día,
endulzando mi silencio
con su singular acento.

Con tus hermanos y primos
respirarás vida y seguirás
creciendo, tú que eres
nuestro nuevo sol de este
invierno inflamado
por tus chispeantes ojos.

Hora a hora se deshoja
el día, y baja desnuda
la luna a velarte
hasta la madrugada.

No me canso de mirarte,
blanca luz cegadora,
y mi corazón late alocado
al ritmo de tu dormir
tan sereno, tan tranquilo,
que me calma e hipnotiza.

¡Ay, Greta!
te siento vital y vigorosa
sobre un unicornio alado
y transparente.

Mi Greta querida,
en este día de albricias,
con aire recién estrenado,
andaré con el corazón alegre
y lleno de tu luz, calor y color
bendiciendo la feliz llegada
de nuestra quinta nieta.

Nuestra esperada Greta,
caminaremos juntos y cuando
te coja de la mano y me llames
abuelo, el camino será corto
y sin cansancio, y yo sentiré
tu confianza infinita, ilimitada.

Greta soñada,
mientras el tiempo se vacíe
de minutos, yo viviré
desviviéndome por vosotros,
mis deseados y queridos
NIETOS.

Tu abuelo Jesús.

MEDIEVALES
AMORÍOS

Bajo el oasis perenne de un te quiero

Diste fuego a mis ojos y mis manos
marchando luego en busca de riquezas
doliéndome tu ausencia en mis flaquezas
penando, triste, inviernos y veranos.

El sol en tu mejilla se detiene
para decirte, Diego, que te espero
bajo el oasis perenne de un te quiero
en el que mi esperanza se contiene.

Volviste, sí, y en tu boca, de amor
un beso que saciara tus desvelos
me pedías con suplicante ardor.

No pude yo atender tanta porfía.
Abrázame en la noche que ahora empieza
para sentir que nos ata un mismo día.

Cautivo en tu recuerdo
(Monólogo de Diego)

Me atruena, Isabel,
tu nombre en mis oídos
en estas noches
largas sin tu aliento.
Noches de esperanza
desesperada,
noches en vela suspirando
que, enriquecido,
se agote este plazo
de agonía.
Cautivo en tu recuerdo,
y lleno todo
de tu presencia ausente,
sueño con tenerte ya
sin ya tenerte
mientras mi espada
tu oro y tu honor
defiende.
Aguarda paciente
mi regreso.
Fresco sopla ya
el viento

hacia mi añorado
Teruel
donde me esperas
para vencer
juntos
este alocado tiempo.
Cuando amanezca
renaceremos al amor,
y todo será
como tu padre
quiere que sea,
cumplidas ya
nuestras promesas
todas.
Nada es ya nada
sin ti,
razón de todo.
Nunca sabrás
cuanto te añoro
en esta dura
cabalgada,
blanca y gentil
paloma.
Pero pronto volveré
a tu lado,
rico y triunfante.

Cada moro cautivo
es un paso hacia ti
que insiste en alumbrar
lo oscuro.
Un día menos
en este plazo jurado
de dolorosa espera.
Aguarda un poco más,
amada mía,
que las noches claras
llevan siempre a la vista
el alba.
Un poco más,
solo un poco más,
amada mía.

¡Hoy, Diego, te besaría!

Con cuánto ardor Diego me pedía
un beso que restañase sus heridas,
precio de las riquezas conseguidas
en cinco años de luchas y porfía.

Tarde llegaste, amor, a este día
de obligada mudanza consentida,
pues no saber de ti tras tu partida
me encadena a una vida bien sombría.

Fidelidad de esposa es mi tristeza,
mientras toda amargura se desata
al no aceptar tu amor tan deseable.

Vivamos en la muerte con certeza
aquello que en la vida no nos ata,
fundiéndonos en beso interminable.

CANCIÓN PROTESTA

Te di mis sueños

¡Ay, Teruel de mis entrañas!,
te di mis sueños
y perdiste mi esperanza.

Teruel, escucho la marea de tu sangre
con un sentimiento de rabia contenida.
No más autobuses vacíos,
callejones con nadie,
casas medio derruidas,
escuelas cerradas.
Necesitamos puentes hechos de verdades
para salvar un abismo de mentiras.

¡Ay, Teruel de mis entrañas!,
te di mis sueños
y perdiste mi esperanza.

Mienten, siempre mienten,
todos mienten, pero no preguntemos
quién juntó las tinieblas...
¡Aquí no hay inocentes!
Se nos fue la risa de los niños
y ahora la corriente se llevó
nuestras caras. No sabemos
a dónde, no sabemos por qué.

¡Ay, Teruel de mis entrañas!,
te di mis sueños
y perdiste mi esperanza.

El gorjear de los pájaros
inundará mi ventana abierta
y construiré con mis sueños
otro mundo.
Un mundo de niños y fuentes,
de risas y flores,
de pan y canciones
cargado de esperanza para todos.

¡Ay, Torico!
(19 de junio de 2022)

¡Ay, Torico!
Porque callar no basta
y el silencio tiene
el peso del olvido,
porque mi sangre es grito
y la palabra oprime,
porque espero ver
que las cosas cambian...,
deseo contar a todos,
con gesto suave,
mi dolor y mi quebranto.

¡Ay, Torico!
Lloro verte roto y humillado,
verte tirado de tu pedestal,
caído por los suelos.
¿Algo que ver
le queda a mi mirada?

¡Ay, Torico!
TÚ, rodando por el suelo
por la ignorancia de quien
te debe su respeto y su cuidado.

TÚ, rodando por el suelo
por la arrogancia de quien,
sin medir las consecuencias,
te utiliza irracionalmente.

A TI, Torico,
vigilante de los tiempos,
a TI, Toro y Estrella
que presides la muela
que nos da razón y cobijo,
a TI, tótem grabado a fuego
en nuestro afligido corazón,
a TI, TORICO,
quiero pedirte perdón
y afirmar que TÚ sigues
en el pedestal del corazón
de todo turolense.

Tu sonoro y cálido torrente,
tu alegre latido, el clamor
de la estrella en tu testuz
son mi querencioso afán.
Sí, Torico,
añoro tu cercanía,
ver tu gesto altivo,
estimulante y señorial
en tu central pilastra

presidiendo noche y día
el deambular turolense.

Hoy, TORICO,
invito a todos
a desandar lo andado
esperando que tus heridas
nos hagan más sabios.

Conciencia del dolor ajeno
(24 de junio de 2013)

¿Pero es que nunca vamos a crecer?
¿Nadie va a ponerse en pie
para decir ya basta?
¿Vamos a seguir siendo
pobres marionetas sin luz?

Hemos venido
a embellecer el mundo,
a llenarlo de auroras boreales.
Hemos venido a sembrar panes
para todos los hambrientos.

¡Ay!, pero falta una voz,
una conciencia del dolor ajeno
que grite, sin temor al miedo,
que la vida necesita ser vivida
de otro modo.

No me interesa el cloquear
de las tabernas,
ni la halagadora mentira
del miedo,
o de estómagos agradecidos,
ni tu silencio.

Echaré a los cuatro vientos
mis palomas
y construiré con mis sueños
otro mundo
sin guerras ni odios,
un mundo de niños y fuentes,
de risas y flores,
de pan y canciones,
cargado de esperanza
hasta los topes.
Un mundo donde
el caño sonoro de la fuente
siga manando para nadie
y para todos.
Un mundo impregnado
de olor a lluvia,
que nos de paz y trabajo,
y a todos aires de libertad.

Continuo miedo ensangrentado

Mi noche se llena de truenos
y de bombas, de acre ventisca,
de fulgor corrosivo y
continuo miedo ensangrentado.

Fuera esos fusiles y cañones,
esos cohetes, esos aviones,
esos misiles y esos drones
de la muerte.
Fuera invadir otras naciones.

No a la guerra
que aumenta el sinsentido,
dilapida y destruye
con apretada ira.
No a mercachifles de la sangre,
traficantes del llanto,
feriantes de la hiel y de la espada.

No a huérfanos mutilados,
rostros desnutridos,
familias rotas, desolación y
barbarie, mientras dura afuera
la masacre.

Iluminad la mente de las bestias
que se alimentan de oro,
sangre y lágrimas.
Abrid todos, la puerta,
la mente y las ventanas.
Que entren aires nuevos,
una brisa clara que señale
con el dedo al que no respeta
nada.
Ensancha tu mirada.

¿Adónde fuiste paloma
expulsada por la guerra?

En cartones enfundado

Al pasar junto al cajero,
entre escéptico y curioso,
te he visto y te he mirado.
Tú, en cartones enfundado,
soportabas el hielo
de la noche.

Yo sentí en mi duro corazón
un malestar sin nombre,
una extraña desazón,
la quemadura del vivir
en este mundo sin razón.

Yo tan fácilmente lleno
de todo
y tú tan injustamente lleno
de nada.
A unos se nos da el pan
en abundancia,
y a otros
se les reparte el hambre
a manos llenas.
¡Qué partida llevo el alma!
por la quemadura de quien
está a la intemperie y solo.

A horcajadas de la pena,
con el alma encogida,
hecha jirones,
pido perdón y prometo
restituirte cuanto, a ciegas,
tomé prestado.

Comeremos juntos
la hogaza de pan caliente
mientras olvidamos el ultraje
de tantos años robados.

Dame tus manos que tiemblan
como la noche helada,
deja que yo las caliente
mientras me acostumbras
a este nuevo cielo limpio.

La tormenta por dentro

Mi grito taladra la tarde.

Amargura sin tasa,
desazón extrema,
negras oquedades.
Fango, sangre y lágrimas.
Vocinglero clamor
sangrando en carne viva,
piedra agusanada.

¡Qué vano el vano
resbalar del tiempo!

Me duele,
¡ay cómo me duele
el secreto por dentro!

Y grito la pena, toda
a cuestas, herrumbre
que se fue haciendo
sollozo, aire estancado,
tiempo maldito,
alma desahuciada
en luz muriente.

¡Y la tormenta
por dentro!

Lágrimas por Palestina

En Gaza solo quedan
algunos muros que agonizan
mientras se escucha a los cuervos
graznar sobre edificios desmigajados
que sobresalen como la carcasa
de un animal caído.

Respira el badajo de la infamia.
Solo hay muerte y destrucción.

Y lloro por ti, Palestina,
lloro por esa tierra mojada
con lágrimas de inocentes.
Y grito: ¡Basta ya!

No quiero ser cómplice
de bombas que matan a civiles,
que matan a niños y ancianos.
No quiero ser cómplice
de quienes secuestran a padres,
de quienes violan a mujeres,
de quienes siembran
la oscuridad y el hambre.
¡Basta ya!

No podemos cerrar los ojos
ante este genocidio.
¡Basta ya!,
¡ya basta!

Paz

(17 de agosto de 2018)
Primer aniversario de los atentados
de Barcelona y Cambrils

Todas las manos juntas de la gente,
todas como un clamor
de cañones silenciosos
en contra
de la sangre derramada,
en contra
de la rifa de metralla
que inunda nuestros ojos
aterrados.

Lo grito aquí: ¡PAZ!
y lo grito llenas de llanto
mis mejillas.
¡Paz hasta el fin del infinito!
No otra palabra, no otro acento,
ni otro temblor entre las manos.
¡Paz!, solamente,
¡Paz!, hermano.
AMOR y PAZ
Como sustento.

Rompamos el silencio

He roto el silencio
para gritar que la vida
solo tiene sentido
si se abre al nosotros:
al igual y al diferente.
Tan solo esa dimensión
plural la ennoblece.

He roto el silencio
para gritar que quiero
encadenarme a otros
con sus voces, sus colores,
sus silencios y sus gritos
que rompan las cadenas
para todos,
para siempre.

He roto el silencio
para recoger esas lágrimas
de rabia e impotencia
abrazando el compromiso
del nosotros por un camino
de esperanza solidaria
como razón de mi existencia.

¡Rompamos el silencio!

ÍNDICE

Este libro
se terminó de imprimir
en los talleres gráficos
de INO Reproducciones
de Zaragoza.
Sentir con los ojos
es como hablar
con el corazón.
Nada hay más cerca
si se trata
de amor